마당에 풀어진 하늘

시산맥 감성기획시선 082

마당에 풀어진 하늘
시산맥 감성기획시선 082

초판 1쇄 발행 | 2022년 9월 20일

지 은 이 | 김삼주
펴 낸 이 | 문정영
펴 낸 곳 | 시산맥사
편집주간 | 김필영
편집위원 | 오현정 강수 최연수
등록번호 | 제300-2013-12호
등록일자 | 2009년 4월 15일
주   소 | 03131 서울특별시 종로구 율곡로 6길 36,
         월드오피스텔 1102호
전   화 | 02-764-8722, 010-8894-8722
전자우편 | poemmtss@hanmail.net
시산맥카페 | http://cafe.daum.net/poemmtss

ISBN 979-11-6243-311-9 03810

값 10,000원

* 이 책은 전부 또는 일부 내용을 재사용하려면 반드시 저작권자와 시산맥사의 동의를 받아야 합니다.
* 이 도서의 국립중앙도서관 출판도서목록은 서지정보유통지원시스템 홈페이지(http://seoji.nl.go.kr)와 국가자료종합목록 구축시스템(http://kolis-net.nl.go.kr)에서 이용하실 수 있습니다.
* 이 시집은 교보문고와 연계하여 전자책으로도 발간됩니다.

마당에 풀어진 하늘

김삼주 시집

* 본문 페이지에서 한 연이 첫 번째 행에서 시작될 때에는 〈 표기를 합니다.

■ 시인의 말

그가
말을 걸어 올 때
가만히 귀 기울인다
그의 숨결이
스치듯 지날 때
내 안에 품었다
품었던 그를 시라는 통로로
슬며시 밀어낸다
설렘이
그리움으로
물들기를 바라며

2022년 여름 가운데서, 김삼주

■ 차 례

1부

신이 — 19
조각보 — 20
스페이서 — 22
담쟁이 — 24
꽃마리 — 25
흑장미 — 26
꽃꽂이 — 27
까치밥 — 28
이팝나무 — 29
사월의 체중 — 30
사각지대 — 32
조경수 — 34
나뭇잎 하나가 — 36
연주회 — 38
토사자 — 40
안개 — 42

2부

가벼운 계절 - 45
꽃 지는 날, 문득 - 46
절름발이 - 48
마지막 왈츠 - 50
안부 - 51
매실주에 취한 거리 - 52
소리 - 53
별, 따라오다 - 54
깻단 - 56
앉은뱅이 솥 - 58
가족 - 60
이탈한 근^{筋} - 62
유령 - 64
우산 - 66
자반고등어 - 68

3부

천사의 손길 — 73

마당에 풀어진 하늘 — 74

각질 — 75

전침^{電針} — 76

빈방 풍경 — 78

꿈 — 79

과속방지턱 — 80

퓨즈 — 82

귀거울 — 84

회향^{懷鄕} — 86

노파가 데리고 온 묵정밭 — 88

토치 — 90

텅 빈 울림 — 92

오뚝이 풍선 — 94

써지지 않은 단어 — 96

4부

망각^{忘却}의 집 — 99

빈집 — 100

아스팔트 위 모조- 하나 — 102

감기 — 104

불청객 — 105

거리 — 106

외투 — 107

엇박자 — 108

간판 — 109

퍼즐 — 110

관계 — 112

안개 — 114

감조^{減潮} — 115

갈대 — 116

꽃상여 — 118

■ 해설 | 이경철(문학평론가) — 121

1부

신이

꽃잎 떨군 후

계절을 먹고 단단하게
독하고 야물게
신이*
라는 이름으로
미소 품고 당신 기다립니다

꽉 막혀 답답한 당신 마음
그윽한 꽃향기 품고
시원한 소통의 길로 안내하겠습니다

잿빛 하늘
보드라운 촛대 당당하게 세웁니다

당신 향한 마음 하나로 충분합니다

*목련꽃이 피기 전 봉오리

조각보

시간의 조각을 한 땀 한 땀 꿰맨다

작은 틈으로 생각이 흐른다
나도 모르는 나에게

알람이 울린다

조용하던 심장이 깨어난다
깨어난 심장은 점점 부푼다
심장이 부었습니다
큰 병원에서 진료를 받으셔야 합니다

그곳은
깊고 무거운 숨소리가 떠돈다
시간은 없고 예약은 멀다
기계는 많고 표정은 없다

심호흡은 한숨이 된다

소음이 크게 박힌다
소소한 일에 가슴은 옥죄고
너를 생각하면
숨이 멎는다

작고 표정 없는 카페에서
흘러간 시간을 부른다

심장의 조각보
밥상 위에 누워 있다

스페이서[*]

허공
사뿐사뿐 그네 타는 스페이서

높은 전봇대
고주파가 흐르는 철탑
전선 줄 늘어져 있다
두 줄 네 줄 여섯 줄
조심스럽게 묶는다
공생이 목적
바람과 지진에도 안전하게
거리 유지는 필수다

꼭
너와 나 같다
마음을 통하고 싶은데
전기가 통하면 둘 다 타버린대
안전거리를 지켜야만 오래 바라볼 수 있대

〈
오래 간직하고 싶을 땐
오롯이 내 안에서만 널 가둬야 한대

줄타기에 익숙한 바람이 딴지를 걸어

모른 척
기대고 싶다

*간격을 띄우는 장치(역전류기)

담쟁이

암벽타기의 대장
허공에 매달린 다리는 어디를 향하고 있는지

자꾸만 위로 옆으로 오르기만 했지
내려올 줄은 몰랐다
위에서 손 흔들면 나만 바라볼 줄 알았다
당신 마음 떨어져 내릴 때
매달리지 못했다

처음
당신 마음에 발 디딜 때
다른 곳에 시선 두지 말 걸

기댈 곳 사라져
당신 앞에 다시 기웃거린다

지극하게 바라보던 바람만
초점 없는 눈을 파고들 뿐 당신의 흔적은 찾을 수 없다

핏빛, 가을을 물들이는 중

꽃마리

비취색 춤사위로 봄을 손짓한다
바람으로 나의 존재를 알린다
잡초라는 이름으로 더 익숙한 나
늘 긴장이 맴돈다

민들레가 노랗게 뽐낼 때 난 배경이 된다

땅의 온기, 바람의 숨결
동그랗게 말려 있는 꽃대 하늘하늘 춤을 춘다

기웃거리던 눈빛, 오래도록 들여다본다
찰칵찰칵
내 표정을 살뜰하게 살피는 당신
환하게 피어난 당신의 웃음소리

굽은 등
서서히 꽃으로 피어난다

흑장미

뽀얀 속살에 꽃잎이 열린다

부동자세에 뻣뻣한 목
수레에 힘겨운 허리
외면하며 토라졌던 이웃
옹기종기 모여 회의를 준비한다

등을 돌려 마주하며 토론에 동조한다

끝내 말하지 못하고 끌어안고 있던 옹이들
조심스레 터트린다
서로의 얘기에 귀 기울여
검붉은 심혈을 토한다

점점 선홍빛으로 차오르는 부항단지

갯지렁이처럼 스멀스멀 맺힌 한이 풀려 나온다
시원한 웃음소리 부항^{附缸} 컵에 모인 혈^{血}

흑장미 일곱 송이 눈부시다

꽃꽂이

투박한 두 날이 쓱쓱 너의 몸을 자른다
비명 흥건한 이곳 비린내 가득한 화원

잘려 나간 수족들 모여
쓰레기통에 처박힐 때
아무도 거들떠보지 않는다

치장으로 분주한 장미 저만치서 빈둥거린다

이별을 숙명처럼 여기며 살아온 너

부릅뜬 외눈박이 눈
핏줄 터져 붉게 응시한다
날카로운 가시로 쿡쿡 찌르고
곧추세운 목으로 우쭐대는 너

홀로 움직일 수 없기에
당당할 수 있는 너

철저하게 외면당한 외로운 너

까치밥

까까머리 친구들 감꼭지 물고
떫은 입술 더듬는다

수줍던 단발머리
감 이파리 사이로 노을이 들자
탱탱하던 땡감 시름시름 앓더니
헤벌쭉 익어버린 홍시

저승꽃 자글자글 피어나기 시작했다

까끌까끌 마분지에 수놓은 구름
온몸 휘감고 속수무책
바람에 매달려 있다

체액 빠져 쭈그러지고 버짐 핀 까치밥
버티지 못하고 떨어질까 봐

숨소리마저 조심조심
꽃받침 마음 졸였다

이팝나무

만개한 하늘, 하얗다

초록빛 거리가 잇속을 드러내며 웃는다

희망은 점점 부풀다 찢긴다

퉁퉁 부어오른 목은 점점 쪼그라든다

툭툭 불거진 옹이, 너를 향한 몸부림이었다

팽팽한 하늘에 주렁주렁 보석을 걸어본다

뿌옇게 그려보는 하루가 한 생이 되었다

사월의 체중

시린 무릎 안고
가슴속에 머리 파묻었다
자꾸만 달려오는 생각들이 가슴을 짓누른다
사월
웃지 못하고 뚝뚝 떨어지는 꽃잎들

꼬들꼬들한 밥알이 목에 걸렸다
침을 꿀꺽 삼키기를 몇 번
걸린 밥알은 내려갈 생각이 없다

너와 하나가 되기 위한 몸부림이다

저기 네가 있다
보이는 곳인 듯 보이지 않은 곳에
닿을 듯 닿지 않은 그곳에
너는 늘 웃고 있다
아리게
웃고 있는 너를 따라다닌다

울음을 토하며 어설픈 변명을 하면서

너와 나는 서로에게 그리움이고 안타까움이다

처박힌 가슴
멍한 하늘을 바다처럼 바라본다

사각지대

미끄러지듯 내려간다
날카로운 시선
곤두박질
애써 두리번거려도 걸려들지 않는다
헐렁해진 마음 주춤주춤 끌어올릴 때
덜컥, 피부에 걸려 있던 침針 한 대
참았던 눈물 붉게 흘린다

침묵으로 주저앉은 미련
호흡으로만 소통했던 동무
바람이 손짓할 때
붙잡을 힘이 없다
떠나보낸 후 오감을 닫아걸었다
둔한 감각만이 주위를 맴맴……

눈에 띄지 않게 최대한 낮췄다

바람 소리 요란하게 들끓고

선홍빛 산다화 뚝뚝 떨어지던 날

라일락 그윽하게 피워 올렸다

보이지 않은 그곳에
네가 있다

조경수

단정하고 예쁜 모습이
아프다

성장과 생각이 단절된다

둔탁하고 날렵한 소리가
두렵다

가만히 있어야 살아갈 수 있다

이웃들의 보살핌이 보인다, 섬망

가족들의 웃음소리가 들린다, 환청

고개를 돌려 벗을 찾는다

생각이 마비된 벗이 흔들린다

〈
하루를 잤을 뿐인데, 사라졌다

손과 머리가 잘린 몸통
중심을 잡는다

나뭇잎 하나가

퇴근길 나뭇잎 하나
가슴을 톡 건드린다

몸이 기운다

나뭇잎이
수채화를 그린다
물에 담긴 하늘을 휘휘 젓는다
손끝으로
물과의 놀이를 시작한다
자국이 생기지 않게 사뿐사뿐
붓질은 섬세하게
줄다리기가 심상치 않다
서두름과 기다림이 팽팽하다

번짐과 섬세함의 경계가 흐려진다

너에게 물들여지고

너를 내 안에 정교하게 새긴다

가을이 하늘에 걸린 날

연주회

잔잔한 바다
흡을 따라 춤을 춘다

파도가 각을 잡고 일어선다
힘껏 끌어당긴다
품었던 각진 파도
자유롭게 놓아준다

등이 주춤거린다

풀려난 흡
조용히 일어나
바다를 재운다

고요가 바다를 덮는다

뜨겁게 타올라
파도타기했던 광음의 시간

가만가만 도닥인다

닫혔던 귀가 열리고

아름다운 네가 보인다

토사자

새삼[*]
홀로서기가 익숙하지 않다

눈이 마주친 순간
탐색은 잠시
빠져나가지 못하게 칭칭 감아
너의 삶을 송두리째 묶는다
발은 서서히 퇴화한다

풍성한 너의 몸을 천천히 녹여 먹는다

내 안에 녹아 있는 너를 품고
약탕기에 온몸으로 투신

독소가 퍼지는 것을 막고
찌꺼기를 청소하고
지쳐가는 기운을 돋우며
삐거덕거리는 관절은 원활하게

〈
독하고 끈질기게 너를 탐한 후 얻어 낸
토사자**

*새삼 : 기생 식물
**토사자 : 한방에서 쓰는 약재(새삼의 씨앗)

안개

수면을 흔드는 너
흡수당하는 나

안개비가 내리던 날
호수를 맴돈다
발밑은 질퍽거리고 마음은 뒤숭숭하다

호수를 밀어내고 나를 포위하는 너

숨이 막힌다
온몸이 감전된 듯 움직일 수가 없다

소리 없이 스며들고
물끄러미 바라만 보는 너

뿌옇게 사라진다

2부

가벼운 계절

가을을
눈 속에 가둔다

바람이 말을 걸어올 때
해넘이 붉게 충혈되고
나뭇잎에 비가 매달릴 때
어수선한 가슴 채우기 시작한다

채우면 채울수록
옷깃이 헐거워진다

가벼워진 마음은
몸살을 한다

엉성한 눈에 갇힌 계절
가을

꽃 지는 날, 문득

푸른빛을 켜고 살캉거리는 고양이
실타래처럼 엉킨 토사물 옆에 오도카니 앉아
화닥닥 투신하는 꽃잎 별을 바라본다
서슬 퍼런 두 눈
포근한 꽃눈이 된다

마을 어귀 무뚝뚝한 고목
두런거리는 소리에 한낮의 무료함을 걷어낸다

절뚝거리는 다리 질질 끌며
노을을 업고 들어오는 아버지
댓잎처럼 깐깐했던 성격
너른 대지 위에 쏟고
그렁그렁 쇳소리만 담뱃불에 담아낸다

'담배 좀 그만 피우지이 몸에도 안 좋다드만'

'다리 질질 끌지 말고 운동 좀 하든지

몸에 좋지 않은 것만 자꾸 형게로 몸이 좋아지겄는 가이'

   투덜거리는 어머니의 잔소리에
   구시렁거리다 밖으로 발을 뺀다

   고함 하나에도 가슴 먹먹했던
   어머니의 잔소리에 뼈가 굵다

   대문을 밀치며 들어오는
   아버지의 투박한 손

   들꽃 한 송이 들려 있다

절름발이

절름발이 마음이라서 질주하지 못합니다
기웃거리는 마음이라서
당당하게 앞에 서지도 못합니다
한 번 내딛는 마음 걷어낼 용기도 없어
목에 걸린 이름 하나 안고 갑니다
눈치 채지 못하게 조심스럽게
나만의 지하통로를 매일 청소합니다

새겨진 이름 하나 수시로 꺼내 보고
들여다보고 말도 걸어보지만 내 소리만 빙빙 돕니다
당신 모습 애써 만져봅니다
나를 위로하던 눈웃음
툭 건네던 말씨
뛰지 못하고 뚜벅뚜벅 걸어오던 발자국

건들거리는 바람
설핏설핏 스치는 빗소리가 당신을 불러옵니다
주저주저 당신에게 이르는 길이 안타까웠나봅니다

빈 하늘에 울리는 숨죽인 이름 하나
뻐근한 가슴에 끼워 넣습니다

지하통로를 수시로 점검하는 나
낮에 찾아온 당신

마지막 왈츠

너를 처음 만난 날
주체할 수 없는 황홀함, 아리다

울렁증을 잠재우고 너를 응시한다
입안에 채우고 있는 긴장감
날이 서 있다

파도가 입혀준 은빛 옷을 입고
집어등의 불빛에 눈이 멀어
덥석 물었다
한 번 물어버린 미끼를 떼어낼 방법이 없다
물 밖 세상으로 끌려나왔다
마지막 힘을 다해 춤을 춘다
허튼 희망이다
축 늘어뜨린 몸 상자에 담긴다
냉랭한 얼음 세례를 받으며……

집어등 불빛 앞
찬란하게 마지막 왈츠를 추던 은갈치

안부

찢긴 곳 여미고
조각난 곳 붙이며
파인 곳 메꾸고
휑한 마음
들키지 않게

떨어지지 말자며
틈이 벌어지지 않게
꾹꾹 눌러
들꽃 향기 소소한 웃음이
진득한 국화 향기 풍기며
안부를 묻는다

마음이 마음을 건너온 날
엉성했던 속이 풍성하게 차올랐다

매실주에 취한 거리

질펀한 거리 말갛게 세수를 했다
그곳에 달음질친 낙과들 있다
너와 나 서로 부딪혀 여기저기 멍투성이다

깊은 심호흡
취기가 예리하고 복잡한 뇌 속 침투하여
여기저기 방해 작업을 한다
잠시 쉬어가라
머물라
같이 어울리잔다

되돌릴 수도 없다
내칠 수도 없다
길게 누운 내 육신 위에
하나둘 박혀버린 어린 생명
고스란히 받아들인다

숙성된 매실주 서서히 깊은 잠에 빠진다

소리

둔탁한 종소리가 들린다던 당신
무릎에 누이고 자세히
귓속을 살펴본다
아픈 소리만 모였을까
검게 그을린 눈물이
딱딱하게 웅크리고
좋은 소리의 길을 막고 있다

아픈 소리 들어내니
좋은 소리 훌훌 들어간다

통화할 땐 고함으로
마주 앉아 있을 땐 자근자근
입술로 얘기하던 당신

바람이 되어 버린 당신

멈춰버린 환청을 깨운다

별, 따라오다

하얀 옷자락 바람결에 서걱거릴 때
달빛 받은 박꽃, 하얗게 웃었다
하늘로 걸어둔 피뢰침이었다

쩍 벌어진 어깨에 큰소리 빼곡히 채워 넣고
호통으로 기합 주시던 헛기침 쓸려갔다
회오리바람으로 아린 말씨 심더니
요염한 달빛을 외면하지 못했다
눈 맞춘 피뢰침의 오작동이었을까?

뽀글거리던 호흡에 자꾸만 숨 가쁜데
붉게 충혈된 흰자위 풀어
까만 밤하늘에 뿌린다
바람, 구름 따라가는 소리 들려왔다

멈춰버린 어둠, 숨죽인 아버지의 뇌세포
축 늘어진 팔다리
물컹 손에 잡히던 날

하늘로 배웅했다

화통한 웃음소리
뚜벅뚜벅 발자국 헤아리다 보면
동산에 빛나던 별 하나 따라온다

깻단

텅 빈 외양간 앞
씨알 내놓고 거추장스러운 옷 털어버리고
휑한 눈 우두커니 서 있는 깻단
홀로 가눌 수조차 없는 몸
뼈와 **뼈**끼리 서로 부둥켜안고
힘겨운 핏줄로 깡마른 껍질 가누고 있다

토실토실한 자식 모두 출가시키고
외롭게 버티고 있는 어머니
주고 싶은 마음, 아픈 다리 이끌고
보따리에 소복하게 담는다

아들, 고래고래 소리 지른다

바스라질 듯 말라버린 육신
자식들 큰 소리에 숨 한번 크게 못 쉰다
'농사지은 것 싸줘야 하는데……'
담은 정 조금씩 덜어내니 가슴이 무너진다

〈
있는 것 모두 내어주고도 더 줄 것 없나
두리번거리던 눈빛,
한가위 시댁 다녀오는 길목
목덜미가 유난히 뻐근하고 아파온다

묶인 몸 풀어, 불쏘시개할 깻단
눈물을 참고 애써 웃음으로 배웅하시는
어머니와 포개지니 다리가 휘청

앉은뱅이 솥

"엄마, 이번엔 맛이 왜 이렇게 비리지?"

질퍽하게 흐려놓은 미꾸라지탕
아들의 말 한마디
투덜대는 다리 분주히 움직인다

"아야 내가 저거 하느라 몇날며칠을 월매나 정성을 들였는디
 생강을 또 빼묵어브렀다야아
 이젠 음식도 못하긋다……"

내려간다는 소식에 등이 켜지면
어머니의 펑퍼짐한 솥은
엉덩이를 들썩들썩

"추어탕은 말여 군불을 지펴야 제맛이 난당게"

사랑방 아궁이에 걸터앉은

하얀 솥
보글보글 짜글짜글 마음이 바쁘다

훌쩍 커 버린 아들의 말
"엄마, 할머니가 언제부터 나보다 작아지셨지?"

해를 넘길수록 어머니의 솥은 앉은뱅이가 되어간다

가족

촘촘한 망사주머니에 고린내 찌든 발들 기웃기웃
터질 듯 팽팽한 긴장감으로 유목민처럼 헤매던 다리 쑤욱
끈덕지게 따라다니던 나쁜 생각들 깊숙이 감추고
맘껏 부풀린 몸 슬그머니 들어가 자리 잡는다

슈퍼맨처럼 씩씩한 대장 남편
삐뚤빼뚤 돋아난 흰머리가 하루를 더듬는다
하루가 모자라듯 시간을 쪼개어 쓰는 아이들
불어난 걱정, 서로 부둥켜안고 애써 마음을 다독인다

모르는 척 빈둥대던 내 모습, 뒷굽 닳은 하이힐 딱딱딱!

서로 바쁜 일상, 함께할 수 없었던 시간
이곳에 와서 함께 속 터놓고 이야기하려는 찰나
다 받아줄 것 같은 커다란 입 벌리고 있던 그
억세게 문 닫더니 물세례 퍼붓는다
사정없이 흔들고 두드리며 불어난 지방 쏙 빼놓는다

파이팅 외치며 하루를 시작
그의 속에만 들어가면 하루가 새하얗게 질리고 만다

찌든 생각, 지방 덩어리 빼내어 얼룩진 하루를
하얗게 탈색시킨 그
정지음 길게 세 번 울리고
물구나무 세워놓고 거드름을 피운다
거꾸로 쏟아진 생각들 하나둘 곧추세우려 할 때
몸이 풀린다
시원한 바람, 몸이 스스럼없이 일어난다
바람에 실려 나와 물끄러미 그를 바라본다

녹이 버짐처럼 번지고 헐거워진 웃음으로 배웅하는
퀭한 눈빛으로 손을 흔드는
세탁기

이탈한 근^{筋}

얼떨결에 얻어맞은 혈관이
퍼렇게 운다

나무총에 고무줄을 걸어 빨랫줄 위의 참새를 잡는다
빗나간 돌멩이 총알은
잘못이 없다
잘 못 조준된 돌멩이, 빨랫줄 너덜너덜
여기저기 상처투성이다

혈관뿐 아니라
힘줄까지 찢기었습니다

손가락 하나가 쉬고 있다
일으켜 세우려 해도
굼뜨다
아직
일어설 때가 아니라고

〈
손가락 하나의 일탈
일상이 절름발이다

유령

물건들이 나가고 들어온다
물건을 따라 들어온 말ㅎ들이 사는 곳

뱉어 놓은 사연들 둥둥 떠다닌다
작은 공간
서로 비집고 들어갈 틈이 없다
토해내지 못한 욕망
맞서지 못한 욕설
억눌린 비명이
유령처럼 떠돈다

문이 열린다
빠져나가고 싶다
어디든 갈 수 있을 것 같은데
나갈 수가 없다
숨을 쉴 수가 없다

마주 보고 얘기하자고 결심을 한다.

〈
순간
먼지처럼 작아지는 言

우산

애써 참으며 흩뿌리는 눈물
온몸을 덮쳐오는 한기
바닥을 툭툭 치며 승차하는 신사, 옆에
보이지 않은 외눈으로
그들의 대화에 귀를 기울인다

미끄러지듯 들어오는 승객들의 소리
긴 한숨이 연기되어 흩어진다

소통이 막혀버렸던 길
만신창이로 버텨 오던 몸은 피를 흘리고
퉁퉁 부은 몸은
멈춰 버린 장기들의 반란이라고 수런거린다

허옇게 피어나는 버짐 같은 버스 안
시원하게 내리치는 창밖의 빗줄기를
멀뚱멀뚱 쳐다보는 신사의 손에 잡힌
우산

정차한 버스 울렁출렁 흔들림에
서둘러 하차를 한다

하차한 그곳
일렁거리는 빗방울이 버짐 같은 안개를 걷어낸다

자반고등어

매달아 놓을 수 없는 줄이 있다

그녀의 속살 열리면
말랑말랑 그리움
얼었던 껍질도 철퍼덕 녹아
처연하게 울부짖는 소리

야무진 손으로 살살 애무하면
썰물처럼 시원하게 속을 다 내놓고
너른 푸른 바다로 빠지고 싶은 회귀를 꿈꾼다
꽁꽁 동여맨 육신
흠씬 두들겨 맞기나 하지
물컹해진 몸, 어긋난 말씨로
또 다른 생을 바라보며 춤을 춘다

밀물, 돌아갈 곳이 없는데
섞이지 않은 회상은 투명하다
하늘의 바닥은 바다

비릿한 냄새 흥건히 배어나면
움직일 수 없다

뜨거워진 프라이팬에 철퍼덕 돌아앉은 자태
온몸에 오른 여드름 방울
지글지글 터트려보는 상차림이다
가끔 밀어붙이는 색소폰소리
토막 난 몸, 마지막 몸부림
뼛속까지 녹아내린 질긴 정
단꿈을 꾸고 난 후유증이다
좁은 길 따라 곱 씹혀
낙루落淚할 수 없는
젓가락 끝에서 외줄을 탄다

하얀 속살, 수포로 피어나는 안개꽃
순백의 사랑 마주 보는 가슴으로 여독 다독거리며
지난밤의 달빛 달콤한 꿈
노랗게 잘 익었다

3부

천사의 손길

양지마을 사거리엔 한 평 남짓 사랑방이 있다
인적 따라 바람이 흐르는
컨테이너 구두수선집
행인들의 고단한 발길을 고스란히 받아준다
불평으로 대신할 수 없는 생
저마다 너덜너덜해진 피로를 털어낸다
각질화된 구두 뒤축은 미소로 녹여낸다
둔한 감각으로 피투성이 된 곳
험한 길 누비다 움푹 들어간 곳은
정성의 손길로 마사지 해준다
숨결이 미치지 않은 발가락은 없는지
꼼꼼히 살핀다
풋풋한 웃음으로 매끄럽게 단장한다
쓱쓱 싹싹 닦아낸 길 환하다

사거리 모퉁이, 바람결에도 천사는 웃는다

마당에 풀어진 하늘

심장, 심통을 부리기 시작했다

분주해지는 가을을 손놀림이 따라가지 못한다
납작 엎드린 허리가 일어선다
휘청
시간을 세어가며 가을걷이하는 어머니

꺼져버릴 것 같은 기운을 붙잡고 허우적
먹어도 채워지지 않은 마음
하늘을 배회한다

고르지 못한 호흡 비뚤어지는 입술
옴팍 패인 눈 그윽하게 바라본다
튀어나올 것 같은 뼈들 허기진 옷 걸쳤다

헐거워진 마음, 무겁게 채워진 공기
어수선한 시선들 낮게 깔린다

각질

너의 흔적을 걷어낸다

너와 분리되는 연습을 한다
내 의지와는 상관없는 너
나와 동거는 언제부터였는지
까마득하다

곳곳에 남아 있는 너의 흔적
미련 없이 씻어낸다

동체였던 너
분리되고 있는 나

뚝뚝 떨어지며 우는 너
하얀 그림자로 부서진다

전침電針

습관처럼 너를 찾는다

너는
내 뜻과 상관없이
내 안에서만 움직인다
영역을 넓혀가며
좀 더 강하게 자극한다
날카로운 끝이 찌릿하다

너는 나의 아픈 곳을 꼼꼼히 살핀다

섬세한 손끝이 지나간 자리
나른하고
편안하고
불안하다

아프면 언제든 와
그러나

아프지 마

거부할 수 없는
환청이 들린다

빈방 풍경

둔탁한 소리가 문을 연다

후~ 불면 날아와 내 몸에 엉킬 것 같은 군상들
널브러진 침대 위
나란히 정리된 카드들
뚝! 떨어져 뒹구는 가냘픈 생명 줄
폐기해야 할 기억들 싹둑 자른다
길게 금이 간 덩치 큰 냉장고 하나 덩그러니
하얗던 몸체
비굴한 벌레들 덕지덕지 붙어
노란 무늬를 새겼다
철저하게 방치된 냉장고의 문을 열어본다

케케묵은 주검 냄새 낯선 후각
길을 잃는다

절름발이 육신
깊은 마음의 늪을 안고
그는 어디로 갔을까……

꿈

당신이 머무는 곳

끝나지 않은 길이 펼쳐져 있고, 통하지 않은 웃음들이 만연합니다
침묵으로 일관된 표정만이 긴 여운을 채우고 있습니다
당신을 느끼고 싶어 무작정 찾아갔던 그곳
빙빙 돌고 있는 바람 생각의 끝에 걸렸습니다

닫혀 있던 창문을 열었을 뿐인데
당신은 대책 없이 내 안에 들어옵니다
무심했던 일상이 깨지기 시작합니다
가슴이 시작한 일들을 행동이 따르지 못합니다
그림으로만 그리던 당신의 존재가 내 안을 채워갑니다

그저 같은 길을 걸었을 뿐인데
깨져버린 일상이 깨알 같은 웃음을 부풀립니다
넘어갈 듯 흘린 웃음소리

무슨 꿈 꿨는데 그렇게 웃는 거야
일어나 늦었단 말야

과속방지턱

널뛰는 말들이 刀 되어 꽂혔다

놀라지 말란다
간극이 심하게 벌어져도
태생이 너와 나는 다르단다

말로만
나누지 말란다
실력이 되지 않으면 얼씬도 하지 말란다
기회를 줄 마음이 없다

뉴런이 방향을 잃었다
말의 가시를 제거하지 못했다
시선의 광光을 거세하지 못했다
걸러내야 할 외이도가 헐거워졌다
살아내는 방식이 뒤틀렸다

빗나간 화살 내상을 입힌다

〈
빗금 친 당신과 나
과속방지턱

퓨즈

멈추지 않은 질주

과했다
툭
까맣게 녹아 버렸다

눈치만 보는 불안감
헤아리지 못했다

사라진 후
네 마음에 눈길을 준다

나를 살리기 위해
복제되어 다시 온 너

낯선 네 눈빛
불안하게 흔들린다

〈
눈치 따윈 신경 쓰지 않도록
너를 안심시킨다

부드럽고 느긋하게 내 안을 흐른다

귀거울

달팽이 호수에 초대받은 날
외눈 커다랗게 뜨고
거친 피부 곱게 단장한 귀거울[*]

오밀조밀한 미로에 드니 향기 건조하다

초대장 받아들고 찾아간 호수
그윽한 눈빛으로 반긴다
어두운 숲속
아슬아슬 매달린 거미줄
회오리바람 타고 들어온 폭언들
아픈 기억 파편 되어 나뒹군다

밝은 빛을 사모하는 맑은 언어
물결 고운 노래 청아하게 울려주기를
말간 웃음 남기고 돌아서는 길

휘청거리는 눈

발걸음 뭉글하다

*귀거울 : 귓속 검사하는 의료 기구

회향 懷鄉

통통한 속살 감추고 입을 연다

일렁이는 파도 소리
찐득한 고향의 더듬이 길게 뻗는다
재잘거리는 모래 친구 바다로 침몰하고
주위를 살피는 집게의 두 눈
기다란 몸 갯지렁이 보이지 않는다

두리번두리번
같은 모습 다른 가족
동그란 함지박 속
나를 유심히 보고 있는 아줌마의 커다란 눈
호기심 발동, 마냥 즐거운 모양이다
호들갑에 장기자랑 한창일 찰나
칼국수 언제 되나요? 하는 소리에
바닷물이 들썩인다

부엌에선 육수가 자글자글 끓고 있다

날씬한 면발 쭉쭉 미끄러지고
텀벙텀벙 뛰어들 차례다
온몸을 면발에 비비고 국물에 체취를 맡기며
다문 입 커다랗게 벌리니
함박웃음 그릇에 둥실 띄운다

후루룩 후후~ 내 몸을 탐닉하는 손

고향으로 깊게 밀어낸다

노파가 데리고 온 묵정밭

지하철 입구
낯 등을 하고 무심히 바라보는 노파와 눈이 마주쳤다

저기 저 쪽파 얼마예요?

이천 원
근데 내가 장사를 잘 못 했나 벼
분명히 오천 원짜리가 있었는디 없어
돈을 잘 못 거슬러 줬나 벼

시무룩한 표정으로 묵정밭에서 걷어 올린 채소를
어린 자식 만지듯 정성껏 매만지며
가지런히 내어놓은 노파

쥐가 날 듯 죄어오는 정강이를 들썩일 뿐
어깨 한 번 펴지 못한다
굽은 등
까슬까슬한 손으로 쪽파를 덥석 잡는다

〈
깊어진 지문으로 눈가의 주름을 훑어낸다
.
.

역으로 올라 온 묵정밭
오늘도 밑지고 돌아선다

펴지지 않은 허리를 곧추세운
노파를 데리고

토치

손끝으로 당신을 부릅니다

당신은 언제나 기다리고
난 언제나 허둥대고
빗나간 생각이 스쳤을 뿐,
당신은 깨어나 나에게 반응을 합니다

껌뻑임도 없이 활짝 웃는 당신
익숙하지 않아 픽 웃어버린 나
들켜버린 마음은 허둥대고
당신은 온기로 품어줍니다

가끔
익숙한 눈빛을
피하고 싶을 때
당신의 그 당당함이 질릴 때

불러온 당신을 다시 보냅니다

손끝으로

touch

텅 빈 울림

둘째야, 다음에 내려오니라 이~
어머니의 전화 한 통
코로나19
한가위가 멈추었다

홀로 계신 어머니에게 다시 안부를 묻는다
서둘러 수화기를 내려놓으시는
옹이 박힌 어머니 손
텅 빈 울림이 아프다

예기치 않은 느슨한 풍경
여유로운데 여유롭지 못하다
마음이 휑하니 좌불안석이다

어정쩡한 시간 앞에
나에게 나를 선물한다
일상에서 떠나본다

〈
마음의 탈출

그 뒤, 정지된 그리움

오뚝이 풍선

박제된
웃음으로 온몸을
흔들어 고객을 부른다
뱅글뱅글 돌리는
손에 구멍이 뚫렸지만
멈추지 못한다
내 의지로 할 수 있는 것은
단 하나도 없다

내가 없는 나

다이어트에 무관한 몸매

창문이 열린다
안타까운 눈빛이 말을 건넨다
어머, 저 손 좀 봐 손이 찢겼네
아프겠다

〈
창문으로 위로를 보내는 나에게
무심한 미소로 화답한다

찢기고 멍이 든다
차이고 밟힌다
그래도 일어선다
오늘의 고객을 위해
공기로 살아가는
나를 위해

써지지 않은 단어

불거진 손에 볼펜 한 자루 쥐어 준다
꾹꾹 눌러 쓰는 손이 떨린다
써야 할 단어를 기억은 하는데
누런 노트엔 엉뚱한 단어가 자리 잡는다

눈빛은 글씨의 몸체를 읽어 낸다
삐뚤어진 발음은 입안에서 흩어지고 옹알옹알
고집은 아집으로 손아귀 힘만 더욱 키운다
허겁지겁 삼켜버린 세월 꿈꾸는 뇌세포

훌렁훌렁 내던진 아픈 말씨들
무기가 되어 부메랑으로 돌아온다
가시를 품고 달려들던 눈빛
슬슬 침대보만 헤매고 있다

잘못했다고 써야 하는데……

4부

망각忘却의 집

동그랗게 말린 등

표정이 없다
뭉뚱그려진 얼굴, 침묵을 불러온다
태연하게 말을 건넨다
돌아오는 답은 단답형

말린 등 안엔 엇갈린 생각들이 집을 짓는다

넌 구체적인 집을 짓고
난 상상의 집을 짓는다
상상이 현실이 되지 않기를 바라며
또 허구의 집을

'우린 가족입니다'

각자가 전부인 모래알들이
외치는 소리가
피를 흘린다

빈집

이팝나무 한 그루
집 한 채 덩그러니 품고
잎을 틔우고 꽃을 피운다

비바람이 겨울을 밀어낼 때
까치 두 마리
가시나무 나뭇가지 물어다가
보금자리를 짓기 시작했다

둘이 하나 되어
외롭지 않은 봄을 기다린다

잎이 돋기도 전에
짓다 만 집 한 채 남기고
까치 부부, 떠났다
작별 인사도 없이

꽃이 피기 시작한 이팝나무 가슴에

짓다 만 빈집, 서글프다

멀리서 들리는
까치 울음소리가
아프다

아스팔트 위 모자 하나

모자 하나
가장 낮은 자세로 위태롭게 놓여 있다

한참을 바라본다

달리는 바퀴들이 용케도 비켜간다

횡단 신호등 바뀐다

용기를 내지 못한다
모자를 건져낼 생각은 잠시
마음만 동동
행하지 못한다

차선을 지키지 않던 바퀴 하나가
한쪽 귀퉁이를 짓누르고 간다

불안했던 상황이 벌어지자

그곳을 지나친 나

안개비가 휘젓고 있다

감기

무방비

바람, 초미세먼지

건네고 빠진다

흔적을 지우고
떠난다

방향을 바꿔
돌진한다

무장해제
돌진하는 너를
받아들인다

상처가
깊다

불청객

까칠하게 조용히 몸을 점령한다

톡톡
상기된 몸짓으로
띠를 두르며 돌발한다

스치듯 찾아왔을 때
조용히 품었다면 화를 덜 냈을까
무심히 지나쳐서 화가 났을까
면역이 저하된 틈을 타
점점 붉고 강하게 파고들어
칼로 난도질을 한다

깊게 띠를 두르고 있는
그곳을
맴도는 가족
상황만 지켜볼 뿐 쉼만을 강조한다

앙칼지며 끈질기게 신경을 끌고 다니는
대상포진

거리

정해진 거리는 반칙을 시도한다

밤을 먹어버린 바닷가를
응시한다
너와 만나는 길을 찾아 나섰다
바람이 물어다 주는 비린내를 삼킨다
비릿한 냄새가 내 안에 흐를 때

내가 물이 되어 너에게 간다면……

잔잔하게 접다 펴는 연습을 하던 파도
태도를 바꾼다
뒤틀린 내장을 쏟아내듯
내동댕이친다
눈물이 거품을 품고 흩어진다

너의 그 거리와 나의 거리는
바람만이 잴 수 있다

외투

매미가 외투를 벗는다
나무에 박힌 못에
매미의 옷이 걸렸다

텅 비어버린 몸
부풀리고 부풀렸다

옷은 해지고
울음은 투명해진다

시간들
휑한 가슴에 부서진다

내가 죽고
너를 살리기 위해
선퇴蟬退*라는 이름으로
다시 태어난다

*매미의 허물(한약재로 쓰임)

엇박자

당신에게 건너간 웃음 한 뭉치
자꾸 꿀렁거린다

믿고 가보자는 그 믿음이
나뭇가지 끝에 집을 지었다

어긋난 웃음들이 바스락 거린다
어슬렁거리던 바람

꽃으로 건넸던 웃음
파리하게 흩어진다

물어다 준
아니 물고 온 소식이
당신을 외면하게 한다

엇박자로 묶인
당신과 나

간판

화려하던 모습은 사라진 지 오래
그래도 버티고 있겠지
어스름 불빛에 이끌려 당도한 곳
단단히 잠겨 있다

마음은 닫아놓고 위태로운 이름은
미처 손을 쓰지 못했다
휘청거리는 바람, 몸을 훑고 지나간다
할 일이 더 남았는지
잠시 소요가 일어날 뿐

창백해진 이름은 묵언수행

닫혔던 마음이
불협화음으로 괴성을 지른다
이름에 걸맞게 버티기

기울어진 어깨로 온몸을 흔든다

퍼즐

짙은 안개를 걷어내며
산에 오른다

바람이
발길을 붙잡는다
깊은 호흡이 거친 숨을 순하게 한다
찢긴 나뭇가지가 시선을 붙들고
투박한 바위는 자리를 내어준다
가득 채워졌던 상념이
찢긴 나뭇가지의 상처를 감싸주는 바람과
말없이 그 자리를 지켜 준 바위의 듬직함으로
서서히 비워지는 순간이다

정상에 올라 두 팔을 뻗어 본다
커다랗던 건물들이 두 팔 안에 폭 안긴다
눈은 감고 마음은 열고
갇혀 있던 하루를 품었다 풀어주기를 반복한다
정상의 자비는 잠시

끝나지 않은
하루가 다시 차오른다

퍼즐처럼 맞물린 하루의 끝자락이 꿈틀댄다

관계

편하고 익숙해서
홀러덩 미끄러지기도 한다
너와 나처럼

늘어진 생각과 행동이
널 끈질기게 잡아당겼다

익숙함이 아프다
내 곁에 있어야 할 네가 없다

너는 섬처럼 다른 곳에 머물러 있다

멀다

널 다시 내 곁으로 데려올 수 있을까

넌
매일 본 것 같은

처음 본 사람처럼
표정이 없다

내 안에 섬 하나 들여놓았다

안개

불투명한 새벽

솜사탕을 풀어서
커다란 커튼을 만든다

희뿌연 그림자 하나
서성인다

연 주홍빛 안개에 갇힌
그림자

가로등 하나

숨어 있는 나를 꺼내
너의 동공 위에 포갠다

젖은
새벽을 포위한다

감조 減潮*

당신이 내 안에 넘쳐
삶을 송두리째 흔들 때도 있지만
난
당신이 넘나드니 살아갈 수 있어요

*밀썰물

갈대

자박자박 물속
사각거리는 모래땅
서로 모여
결속을 다진다

잠긴 다리, 물속 청소
역할극이 끝나면
살아서 볼 수 없던
햇볕과 마주한다

뽑힌 다리 뚝뚝 잘린 노근^{蘆根}*
임계점에서
온몸을 녹인다

텅 빈 몸
너를 향한 마음으로 가득 채운다

막히지 않기

안타까워하지 않기
몸 안의 소통을 위해
들큼한 맛과 향을 품고

온몸을 흔들어 네게 투신한다

*갈대의 뿌리

꽃상여

조팝나무
하얀 수의를 입는다
양옆 보초병 하얀 외투 걸치고
터널 위를 하얗게 덮어 꽃상여를 만든다

흰머리가 기웃거리는 삐쩍 마른 소꿉친구
위태롭게 흔들린다

가슴에 묻은 막내아들 사진 앞에
허물어진 몸 추스른다

표정 없는 눈
와 줘서 고마워

묻지 못했다
어떻게 된 일이냐고

상주와 조문객

조용히 고개 떨군다

환하게 웃고 있는 영정사진
앞 하얀 국화
젖비린내가 난다

하얀 밤이 검게 물들었다

■□ 해설

우주에 만연한 그리움의 기운생동(氣韻生動)

이경철(문학평론가)

"꽃잎 떨군 후//계절을 먹고 단단하게/독하고 야물게/신이/라는 이름으로/미소 품고 당신 기다립니다//꽉 막혀 답답한 당신 마음/그윽한 꽃향기 품고/시원한 소통의 길로 안내하겠습니다//잿빛 하늘/보드라운 촛대 당당하게 세웁니다//당신 향한 마음 하나로 충분합니다"(「신이」 전문)

시인과 자연, 독자와 한 몸으로 소통하는 시편들

김삼주 시인의 이번 처녀시집 『마당에 풀어진 하늘』은 우주 삼라만상과 소통, 교감하고 있다. 시인이 쓰는 게 아니라 눈에 들어오는 풍경, 대상들이 화자話者가 되어 우리에게 말을 걸어오기도 하는 시집이다.

시편들 편편이 너와 나, 자연과 시인이 한 마음이 되어 원래 하나였던 세계로 다시 돌아가고파 한다. 그러면서 지금 현실 세계에서 떨어진 너와 나 사이의 거리를 냉정하게 의식하고 있는 시편들이기도 하다.

 그 거리가 그리움을 부르고 있다. 그런 거리가 있어 너와 나, 과거와 현재와 미래는 서로를 구분하면서도 먼 옛날부터의 하나의 통속으로 이어지게 하고 있다. 이런 김 시인의 세상을 사는 태도, 시법詩法이 고조선부터 반만년 내려온 우리 민족의 토속적 삶과 정서를 오늘에 새롭게 환기해주고 있는 시집이 『마당에 풀어진 하늘』이다.

 이런 특징을 잘 드러내고 있는 것 같아 시인도 이번 시집에서 서시序詩 격으로 맨 앞에 올렸고 이 글에서도 제목 바로 아래 제사題詞 식으로 인용해놓은 「신이」를 보시라. 시집 전체 주제를 통괄하며 뒤에 실린 시편들을 이끌어나가는 힘이 있는 시를 맨 앞에 놓는 것이 시집의 통례다.

 제목 '신이'는 시인이 각주에서 밝혔듯 목련꽃이 막 터져 나와 피어오르기 직전의 보송보송한 봉오리를 말한다. 그런 신이를 화자로 내세워 너와 나 사이의 향기 나는 소통을 바라고 있는 시가 「신이」다.

 지난해 세상이 기우뚱할 정도로 한 잎 두 잎 잎을 다 떨구었던 목련꽃이 긴 겨울을 지내며 더 단단하고 야물게 막 피어나며 던지는 말. 당신을 향한 그리움의 언어가 「신이」이고 이번 시집에 실린 시편 거개가 그런 그리움으로 단단하게 압축돼 참신하게 말을 건네고 있다.

 이번 시집을 펴내며 시인은 '시인의 말'을 통해 "그가 말을 걸어 올 때 가만히 귀 기울인다. 그의 숨결이 스치듯 지날 때 내 안에 품었다. 품었던 그를 시라는 통로로 슬며시 밀어낸다"라고 밝혔다. '그'는 우리네 인간 사이 연인일 수도 있고 또 대자연이며 그것들의 정수며 비의秘意며 섭리일 수도 있다. 그런 그들이 시인에게 전해온 말들을 가슴속에 품어 안고 삭여서 다시 내보낸 게 시라는 것이다. 그래서『마당에 풀어진 하늘』속 시편들은 시인과 자연과 독자들의 그리움의 한세상을 함께 나누게 하고 있다.

　김 시인은 2004년『문학21』에 시「안개 속의 그림자」,「그리움」등이 당선돼 시단에 나왔다. 살며 사랑하며 안겨드는 그리움을 산뜻한 메타포로 전하고 있다는 평을 받는 시인이다.

그리움의 본질과 거리의 참신한 변주

　"만개한 하늘, 하얗다//초록빛 거리가 잇속을 드러내며 웃는다//희망은 점점 부풀다 찢긴다//퉁퉁 부어오른 목은 점점 쪼그라든다//툭툭 불거진 옹이, 너를 향한 몸부림이었다//팽팽한 하늘에 주렁주렁 보석을 걸어본다//뿌옇게 그려보는 하루가 한 생이 되었다"(「이팝나무」전문)

　초목이 날로 짙푸르러 가는 여름 초입이면 이팝나무꽃 피어 하늘과 땅이 하얗게 흐드러진다. 그런 이팝나무 꽃세상에서 우주에 만연한 그리움을 보고 있는 시다. 화자가 시인이지 이팝나무인지 분간할 수 없을 정도로 일체가 되어.

그리움이란 꽃 피고 지고 계절이 오고 가듯 자연스레 오는 것은 아니다. 이팝나무 줄기가 옹이 져 툭툭 불거지듯, 너를 향한 몸부림의 맺힘으로 찾아드는 게 그리움이다. 그래서 그리움은 느낌이나 기분 등이 아니라 우리를 아름답게 살아가게 하는 힘이요 기운이다.

그래서 시인은 "뿌옇게 그려보는 하루가 한 생이 되었다"라고 감히 말하고 있는 것이다. 그런 그리움의 기운이 없으면 이 한 삶도, 세계와 우주도 없음을 이팝나무꽃 만개한 시절에 실감하고 있는 것이다. 그리움으로 하여 이 세상은 기운생동氣運生動하고 있음을 역동적으로 그리고 있는 시가 「이팝나무」다.

"정해진 거리는 반칙을 시도한다//밤을 먹어버린 바닷가를/응시한다/너와 만나는 길을 찾아 나섰다/바람이 물어다 주는 비린내를 삼킨다/비릿한 냄새가 내 안에 흐를 때//내가 물이 되어 너에게 간다면……//잔잔하게 접다 펴는 연습을 하던 파도/태도를 바꾼다/뒤틀린 내장을 쏟아내듯/내동댕이친다/눈물이 거품을 품고 흩어진다//너의 그 거리와 나의 거리는/바람만이 잴 수 있다"(「거리」 전문)

밤바다에 앉아 '너'를 그리워하고 있는 시다. 너와 나 사이의 거리, 사랑과 그리움의 거리를 냉철하게 재고 있는 시다.

밤이 되면 바다와 하늘, 바다와 나 사이의 거리가 사라지고 포개진다. 어둠 속 비릿한 냄새로 바다와 시인은 하나가 되고 있다. 그런 거리가 없어진 풍정風情을 시인은 "밤을 먹어버린 바닷가"라고 산뜻하고도 역동적으로 묘사하고 있다.

그러면서 "내가 물이 되어 너에게 간다면······"하고 너와 나의 완전일치를 꿈꿔 본다. 서로 포개졌다 흩어지곤 하는 파도를 바라보면서.

아, 그러나 아니다. 서로 포개질 수 없는 거리가 있기에 그리움이란 것을 밤바다도, 시인도 익히 알고 있다. 거리가 자연의 섭리인 것을 알면서도 그 반역을 꾀하는 것이 또 사랑이며 우리네 인간사 아니겠는가.

"높은 전봇대/고주파가 흐르는 철탑/전선 줄 늘어져 있다/두 줄 네 줄 여섯 줄/조심스럽게 묶는다/공생이 목적/바람과 지진에도 안전하게/거리 유지는 필수다//꼭/너와 나 같다/마음을 통하고 싶은데/전기가 통하면 둘 다 타버린대/안전거리를 지켜야만 오래 바라볼 수 있대"(「스페이서」 부분)

고압 전선들이 서로서로 붙어서 타지 않게 거리를 유지해주는 스페이서를 바라보며 그리움의 거리를 다시금 확인하고 있는 대목이다. 거리 유지에 실패하면 정갈한 그리움은 타 죽는다는 것쯤은 나름의 연륜과 체험을 통해 알고 있을 것이다.

좁은 동굴 안에서 서로 체온을 나누며 한겨울을 나는 고슴도치. 너무 가까이 가면 상대방 가시 같은 털에 찔려 아프고 너무 떨어지면 춥다는 데서 생긴 용어 '고슴도치 딜레마'를 떠오르게 하는 대목이다. 적당한 거리가 그리움을 그리움이게끔 하고 삶도 품격있게 한다는 것을 실감으로 드러내고 있는 대목이다.

"멈추지 않은 질주//과했다/툭/까맣게 녹아 버렸다//눈치만 보는 불안감/헤아리지 못했다//사라진 후/네 마음에 눈길을 준다//나를 살리기 위해/복제되어 다시 온 너/낯선 네 눈빛/불안하게 흔들린다//눈치 따윈 신경 쓰지 않도록/너를 안심시킨다//부드럽고 느긋하게 내 안을 흐른다"(「퓨즈」 전문)

과전류가 흐르면 끊어져 안전을 지켜주는 퓨즈를 통해 그리움의 거리에 대해 말하고 있는 시다. 그리움은 질주하면, 과하면 끊어진다. 제풀에 지치거나 상대방에게 무시당할 수 있음을 우리는 경험을 통해 잘 알고 있다.

몇 번의 실수를 통해 시인은 이제 그리움을 통제할 수도 있는 것 같다. 이제 그리움을 느긋하게 즐길 줄도 아는 듯한 자세를 취하고 있는 시다. 그런 안심의 자세를 통해 시인은 역설적으로 항상 낯설고 불안하고 흔들리는 그리움의 속성을 더 선명하게 말하는 듯도 하다.

"찢긴 곳 여미고/조각난 곳 붙이며/파인 곳 메꾸고/횅한 마음/들키지 않게//떨어지지 말자며/틈이 벌어지지 않게/꾹꾹 눌러/들꽃 향기 소소한 웃음이/진득한 국화 향기 풍기며/안부를 묻는다//마음이 마음을 건너온 날/엉성했던 속이 풍성하게 차올랐다"(「안부」 전문)

그대에게 그리움의 안부를 묻고 있는 시다. 이 시에서 우리는 시인의 시작법詩作法, 시를 전하는 발화법發話法의 비밀을 들여다볼 수 있다. 그리움을 대상을 향해 직접 호소하지 않는다. 위 시에 드러나듯 미장일 등 뭔가 다른 것에 빗대어 전한다.

지금까지의 평대로 김 시인은 메타포를 자주 사용하고 있다. 자신의 마음을 간접적으로 드러내기 위한 수단으로서 단순히 끌어들인 서구의 메타포와는 달리 김 시인의 메타포에 동원된 사물이나 풍경 등은 시인과 완전히 한 몸이 되어있다. 고조선 이래 삼라만상과 한 마음 한 몸으로 어우러지던 민족의 토속정서를 온전히 잇고 있는 것이다.

그러면서도 김 시인의 발화법은 신선하고도 새침하다. "찢긴 곳 여미고/조각 난 곳 붙이며/파인 곳 메꾸"는 세심한 마음 씀씀이이면서도 그걸 들키지 않게 말하고 있다. 미주알고주알 같은 마음 들키면 주는 이도 받는 이도 서로 휑할 테니 새침 떼고 넘기며 되레 그리움을 더욱 풍성하게 전하는 게 김 시인의 그리움의 시편들이다.

생래적으로 뿌리내린 반만년 민족의 토속정서

"푸른빛을 켜고 살캉거리는 고양이/실타래처럼 엉킨 토사물 옆에 오도카니 앉아/화닥닥 투신하는 꽃잎 별을 바라본다/서슬 퍼런 두 눈/포근한 꽃눈이 된다//마을 어귀 무뚝뚝한 고목/두런거리는 소리에 한낮의 무료함을 걷어낸다//절뚝거리는 다리 질질 끌며/노을을 업고 들어오는 아버지/댓잎처럼 깐깐했던 성격/너른 대지 위에 쏟고/그렁그렁 쇳소리만 담뱃불에 담아낸다//*'담배 좀 그만 피우지이 몸에도 안 좋다드만'*//*'다리 질질 끌지 말고 운동 좀 하든지/몸에 좋지 않은 것만 자꾸 핑계로 몸이 좋아지겄는가이'*//투덜거리는 어머니의 잔소리에/구시렁거리다 밖으로 발을 뺀다//고함 하나에도 가슴 먹먹했던/어머니의 잔소리에 뼈가 굵다//대문을 밀치며 들어오는/아버지의 투박한 손//들꽃 한 송이 들려 있다"(「꽃 지는 날, 문득」 전문)

제목처럼 첫 연부터 꽃 지는 날의 풍정을 역동적으로 그리고 있는 시다. 지저분한 현실의 세계에서도 지는 꽃과 별을 번갈아 함께 보고 있는 고양이의 시퍼런 눈길이 예민하다. 그런 서슬 퍼런 고양이 눈을 시인은 꽃으로 바라보고 있다. 시인은 지는 꽃과 고양이 서슬 퍼런 눈과 저 하늘의 별을 한통속으로 첫 연에서 예민하게 붙잡아내고 있다.

이름도 형체도 없는 것들이 서로를 애타게 끌어당기며 모이고 모이며 지극히 압축돼가다 한 점 빛으로 폭발해 우주를 낳았다는 게 우주 탄생의 정설이 된 빅뱅(Big

Bang)이론. 그 빛들이 이 물질 저 생명으로 전화轉化하며 끝없는 파노라마를 펼치고 있는 게 우리네 삶이며 우주 아니겠는가.

그러니 고양이, 꽃잎, 별 등 삼라만상은 본디부터 한통속임을 생래적으로 알아 이리 역동적인 표현을 자연스레 구사할 수 있었을 것이다. 이어지는 연들의 부모님의 에피소드도 삼라만상이 본래 한 몸임을 알고 살아온 우리 민족의 토착정서를 함축하고 있다.

이 땅의 오랜 삶에서 나온 사투리 토속어와 투박한 삶에서도 들꽃 한 송이 꺾어 바칠 줄 아는 정서. 그런 토착정서와 풍정이 마을 어귀의 고목을 온 마을 사람들의 큰어른, 아버지 같은 당산나무로 단박에 잡아내고 있지 않은가.

"텅 빈 외양간 앞/씨알 내놓고 거추장스러운 옷 털어버리고/휑한 눈 우두커니 서 있는 깻단/홀로 가눌 수조차 없는 몸/뼈와 뼈끼리 서로 부둥켜안고/힘겨운 핏줄로 깡마른 껍질 가누고 있다//토실토실한 자식 모두 출가시키고/외롭게 버티고 있는 어머니/주고 싶은 마음, 아픈 다리 이끌고/보따리에 소복하게 담는다//(중략)//있는 것 모두 내어주고도 더 줄 것 없나/두리번거리던 눈빛,/한가위 시댁 다녀오는 길목/목덜미가 유난히 뻐근하고 아파온다//묶인 몸 풀어, 불쏘시개할 깻단/눈물을 참고 애써 웃음으로 배웅하시는/어머니와 포개지니 다리가 휘청"(「깻단」 부분)

씨알은 다 털어내어 주고 이제 불쏘시개가 되기 위해 서 있는 깻단과 어머니가 순하게 포개지고 있는 시다. 어머니도 자식들을 위해 당신의 모든 피와 살을 내어주었다. 그래 이제 삐쩍 마른 깻단처럼 뼈와 뼈가 부닥치는 앙상한 몸이요 살림이다.

그런데도 명절이면 도회에서 찾아온 자식들에게 있는 것 없는 것 바리바리 싸주려는 게 반만년 우리 민족의 토속적 심사 아니겠는가. 그리고 깻단처럼 다음 세상의 불쏘시개가 되어 다시 연기며 재의 원소로 돌아가는 게 우주의 섭리요 우리 민족의 심사 또한 그렇지 않은가. 그런 섭리며 심사를 깻단과 어머니를 포개지게 하며 선명히 드러내고 있는 시다.

"하얀 옷자락 바람결에 서걱거릴 때/달빛 받은 박꽃, 하얗게 웃었다/하늘로 걸어둔 피뢰침이었다//(중략)//뽀글거리던 호흡에 자꾸만 숨 가쁜데/붉게 충혈된 흰자위 풀어/까만 밤하늘에 뿌린다/바람, 구름 따라가는 소리 들려왔다//멈춰버린 어둠, 숨 죽인 아버지의 뇌세포/축 늘어진 팔다리/물컹 손에 잡히던 날/하늘로 배웅했다//화통한 웃음소리/뚜벅뚜벅 발자국 헤아리다 보면/동산에 빛나던 별 하나 따라온다"(「별, 따라오다」 부분)

아버지의 임종을 그린 시다. 슬픈 사실임에 틀림없을 텐데도 시 문맥에선 '웃음'. 그것도 '화통한 웃음소리'가 공감각적 이미지로 새어 나오고 있다.

지붕 위에 달빛을 받아 하얗게 핀 박꽃을 '하얗게 웃었다'며 웃음으로 보고 있다. 그런 웃음은 '피뢰침' 이미지로 전환돼 하늘과 즐겁게 소통하고 있다. 숨 가빠 죽어가는 아버지의 모습도 '까만 밤하늘에 뿌려'지며 '바람 따라 구름 따라가는 소리'라는 공감각으로 그리고 있다. 하여 그런 아버지를 '하늘로 배웅했다'라고 하고 있다.

하늘에서 내려와서 다시 하늘로 올라간다는 것이 천손天孫인 우리 백의민족의 생사관 아니던가. 하늘로 올라가 별로 떴다가 또다시 그 무엇이 되어 내려와 온 세상과 즐겁게 소통하며 이롭게 하는 민족의 철학과 정서가 아버지의 죽음에서 한결 더 자연스레 드러나고 있는 시다.

"지하철 입구/낫 등을 하고 무심히 바라보는 노파와 눈이 마주쳤다//저기 저 쪽파 얼마예요?//이천 원/근데 내가 장사를 잘 못 했나 벼/분명히 오천 원짜리가 있었는디 없어/돈을 잘 못 거슬러 줬나 벼//(중략)//시무룩한 표정으로 묵정밭에서 걷어 올린 채소를/어린 자식 만지듯 정성껏 매만지며/가지런히 내어놓은 노파//(중략)//역으로 올라 온 묵정밭/오늘도 밑지고 돌아선다//펴지지 않은 허리를 곧추세운/노파를 데리고"(「노파가 데리고 온 묵정밭」 부분)

오늘도 도심 지하철역 입구에서 심심찮게 볼 수 있는 풍경과 이야기를 다룬 시다. 이렇게 최첨단 현대문명 시대에도 우리는 반만년 민족의 심성을 지닌 전통을 그대로 살고 있다. 그런 전통적 심성은 비록 묵혀둔 묵정밭 같아도 우리네 삶을 언제나 안온하게 감싸 안아 준다. 김 시인의 시편들에는 그런 토속의 정서가 생래적으로 싱싱하게 뿌리내리고 있기도 하다.

나와 그대가 한마음 줄다리기로 써나가는 시편

"비취색 춤사위로 봄을 손짓한다/바람으로 나의 존재를 알린다/잡초라는 이름으로 더 익숙한 나/늘 긴장이 맴돈다//민들레가 노랗게 뽐낼 때 난 배경이 된다//땅의 온기, 바람의 숨결/동그랗게 말려 있는 꽃대 하늘하늘 춤을 춘다//기웃거리던 눈빛, 오래도록 들여다본다/찰칵찰칵/내 표정을 살뜰하게 살피는 당신/환하게 피어난 당신의 웃음소리//굽은 등/서서히 꽃으로 피어난다"(「꽃마리」 전문)

봄이 돼 민들레가 노랗게 피어날 무렵이면 돌돌 만 꽃잎을 점점이, 보일락말락 피우는 조그마한 들꽃이 꽃마리다. 그런 들꽃이 화자가 되어 써나가고 있는 시다. 그 작디작은 꽃을 유심히 관찰하며 카메라 렌즈를 갖다댔을 시인인데도 꽃의 말을 빌리며 꽃과 완전 일체가 되어 있는 시다.

'땅의 온기, 바람의 숨결' 등 삼라만상의 협동과 '기웃거리던 눈빛' 등 모든 시선과 관심 속에 피어난 꽃은 그 생의 절정을 춤으로 드러내고 있다. 그런 꽃의 춤을 보며

'당신'은 물론 만물도 모두 모두 환하게 웃으며 꽃으로 피어나고 있는, 한 점 슬픔도 그늘도 없는 환하고 환한 세상을 열고 있는 시다.

"퇴근길 나뭇잎 하나/가슴을 톡 건드린다//몸이 기운다//나뭇잎이/수채화를 그린다/물에 담긴 하늘을 휘휘 젓는다/손끝으로/물과의 놀이를 시작한다/자국이 생기지 않게 사뿐사뿐/붓질은 섬세하게/줄다리기가 심상치 않다/서두름과 기다림이 팽팽하다//번짐과 섬세함의 경계가 흐려진다//너에게 물들여지고/너를 내 안에 정교하게 새긴다//가을이 하늘에 걸린 날"(「나뭇잎 하나가」 전문)

나뭇잎 하나로 가을날의 정서를 정교하게 교직하며 끌고 가고 있는 시다. 일상의 어느 날 문득 피부가 찬 공기를 의식하고 오소소 소름을 돋울 때 우리 모두 느낄 수 있는 삽상하고 쓸쓸한 그 우주적 정서를.

나뭇잎 하나 떨어질 때 '쿵,' 하고 우주가 기우뚱하는 느낌을 한번은 느꼈을 것이다. 나뭇잎 하나의 그런 우주적 사건을 시인도 '몸이 기운다'고 별개의 연으로 처리하며 의미를 강화하고 있다. 그러면서 기댈 곳 없는 쓸쓸함도 밀려오게 하고 있다.

그런 쓸쓸함이 그리움을 불러온다. 그리하여 '나뭇잎'을 '너'로 의인화하며 시인은 너와 하나가 돼가고 있다. 그러면서도 앞에서 살펴보았듯 그리움의 거리를 줄다리기하듯 팽팽하게 유지하고 있다.

너무 쓸쓸한 가을날 '번짐과 섬세함의 경계가 흐려'져 그리움의 거리를 소실하지 않기 위해 '서두름과 기다림'을 팽팽히 맞서게 하고 있다. 우주 만물이 한 몸에서 나와 한 몸으로 돌아가더라도 자연철학자 장자가 말한 '각득기의 各得其宜'로서 개개의 주체성과 정체성은 있게 마련이다.

아무리 쓸쓸하더라도, 그래 그리움으로 달려가 포개지고 싶더라도 그런 각득기의의 본질을 생래적으로 알기에 시인은 서두름과 기다림을 맞서게 하고 있는 것이다. 이렇게 서로 존중하며 다치지 않게 삼라만상과 잘 어우러지는 섭리를 시인은 생래적으로 알며 그리움의 시편들을 선보이고 있는 것이다.

"이팝나무 한 그루/집 한 채 덩그러니 품고/잎을 틔우고 꽃을 피운다//비바람이 겨울을 밀어낼 때/까치 두 마리/가시나무 나뭇가지 물어다가/보금자리를 짓기 시작했다//둘이 하나 되어/외롭지 않은 봄을 기다린다//잎이 돋기도 전에/짓다 만 집 한 채 남기고/까치 부부, 떠났다/작별 인사도 없이//꽃이 피기 시작한 이팝나무 가슴에/짓다 만 빈집, 서글프다//멀리서 들리는/까치 울음소리가/아프다"(「빈집」 전문)

앞서 살핀 시 「이팝나무」에선 이팝나무꽃 흐드러지게 피어 그리움으로 온 우주가 기운생동 했는데 이 시에서는 아니다. 온 세상이 서글프고 아프다. 왜? 그리움을 나누던 까치 부부가 떠나 이팝나무가, 온 세상이 텅텅 비었기 때문이다.

겨울 가면 봄이 오고 꽃이 피는 자연의 섭리에도 불구하고 너와 나 사이의 교감, 그리움이 없으면 세상은 말짱 헛것이란 것이다. 이런 우화 같은 시 「빈집」을 통해 시인은 우리에게 그리움이야말로 삶과 생명의 알파요 오메가임을 다시금 환기해주고 있다.

이렇게 김삼주 시인은 이번 첫 시집 『마당에 풀어진 하늘』에서 우주에 만연한 그리움을 전하고 있다. 민족 토착 정서로 삼라만상과 교감하며 그리움이야말로 우주와 우리네 삶의 본질임을 오래된 참신한 시법으로 감동적으로 보여주고 있다. 집중된 시상(詩想)과 정련된 언어, 그리고 자연스러우면서도 잘 기획된 이미지 연결로 큰 시인 이루시길 빈다.